Las mascotas de mi casa

Los hámsters

Jennifer Blizin Gillis

Traducción de Paul Osborn

Heinemann Library
Chicago, Illinois

© 2004 Reed Educational & Professional Publishing
Published by Heinemann Library,
an imprint of Reed Educational & Professional Publishing,
Chicago, Illinois

Customer Service 888-454-2279
Visit our website at www.heinemannlibrary.com

Designed by Kim Kovalick, Heinemann Library; Page layout by Que-Net Media
Printed and bound in
Photo research by Heather Sabel

08 07 06 05 04
10 9 8 7 6 5 4 3 2 1

Library of Congress Cataloging-in-Publication Data
A copy of the cataloging-in-publication data for this title is on file with the Library of Congress.

[Hamsters. Spanish]

Los hámsters/ Jennifer Gillis

ISBN 1-4034-6035-3 (HC), 1-4034-6042-6 (Pbk.)

Acknowledgments
Cover photograph by Robert Pickett/Papilio

p. 4 Robert Lifson/Heinemann Library; p. 5 Heinemann Library; p. 6l Royalty-free/Corbis; pp. 6r, 9, 16, 20 Robert Pickett/Papilio; p. 7 Arbdt/Premium Stock/Picture Quest; pp. 8, 10 Robert Maier/Animals Animals; p. 11 Trevor Clifford/Heinemann Library; pp. 12, 14, 19 Tudor Photography/Heinemann Library; p. 13 David Young-Wolff/Photo Edit; p. 15 Jorg & Petra Wegner/Animals Animals; p. 17 Dave Bradford/Heinemann Library; p. 18 Rob van Nostrand; pp. 21, 22 PhotoDisc/Getty Images; p. 23 (from T-B) Arndt/Premium Stock/PictureQuest, Royalty-Free/Corbis, Photodisc/Getty Images, Photodisc/Getty Images, Robert Maier/Animals Animals, Heinemann Library, Heinemann Library; back cover (L-R) Robert Maier/Animals Animals, David Young-Wolff/Photo Edit

Every effort has been made to contact copyright holders of any material reproduced in this book. Any omissions will be rectified in subsequent printings if notice is given to the publisher.

Special thanks to our bilingual advisory panel for their help in the preparation of this book:

Anita R. Constantino
Literacy Specialist
Irving Independent School District
Irving, TX

Aurora Colón García
Literacy Specialist
Northside Independent School District
San Antonio, TX

Argentina Palacios
Docent
Bronx Zoo
New York, NY

Leah Radinsky
Bilingual Teacher
Inter-American Magnet School
Chicago, IL

Ursula Sexton
Researcher, WestEd
San Ramon, CA

Contenido

Unas palabras están en negrita, **así**.
Las encontrarás en el glosario en fotos de la página 23.

¿Qué tipo de mascota es ésta?

Las mascotas son animales que viven con nosotros.

Algunas mascotas son grandes y peludas.

Mi mascota es pequeña
y peluda.

¿Puedes adivinar qué tipo de
mascota es?

¿Qué son los hámsters?

ardilla

Los hámsters son **roedores.**

Las ardillas y los ratones son primos de los hámsters.

En la naturaleza, los hámsters viven debajo de la tierra en **madrigueras.**

Todos los hámsters son **nocturnos.**

¿De dónde vino mi hámster?

Un hámster mamá tuvo una **camada** de **cachorros**.

Había siete hámsters hermanos.

Los cachorros se quedaron con su mamá por cuatro semanas.

Luego, compré mi hámster en la tienda de mascotas.

¿Qué tamaño tiene mi hámster?

Cuando nació, mi hámster
era diminuto.

Era tan grande como mi dedo.

Ahora mi hámster ha crecido.

Es tan grande como mis manos.

¿Dónde vive mi hámster?

Mi hámster vive en una jaula.

Hay una tapa de alambre para mantenerle al hámster dentro de su jaula.

Hay mucha **viruta** dentro de la jaula.

El hámster la usa para hacer una **madriguera**.

¿Qué come mi hámster?

Mi hámster come comida seca.

Le doy una cucharada de comida cada noche.

Mi hámster también come frutas
y verduras.

Le doy pedacitos de manzana, papa,
zanahoria y guisantes.

¿Qué más necesita mi hámster?

Un hámster necesita mucha agua.

Cuelgo una botella de agua en su jaula.

Un hámster necesita una caja para dormir.

Mi hámster va allá para esconderse o descansar.

¿Qué puedo hacer por mi hámster?

Puedo mantener limpia la casa de mi hámster.

Puedo cambiar la **viruta** y limpiar la **jaula** cada semana.

También puedo ayudar a mi hámster para que tenga suficiente ejercicio.

Pongo una rueda dentro de su jaula.

¿Qué puede hacer mi hámster?

Mi hámster puede trepar.

Tiene una escalera especial en su jaula.

Mi hámster tiene **bolsas** especiales en su boca.

Puede guardar comida dentro de estas bolsas.

Mapa del hámster

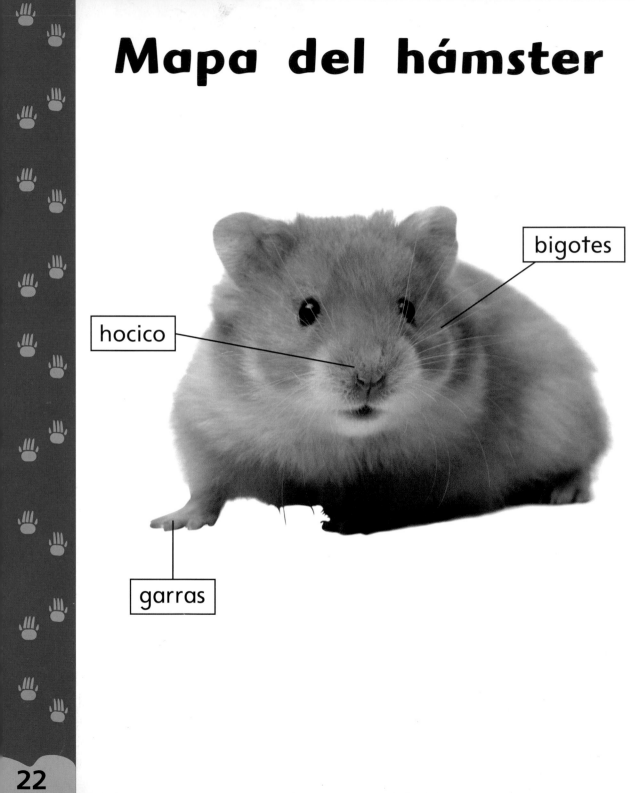

bigotes

hocico

garras

Glosario en fotos

madriguera
páginas 7, 13
hueco cavado por un animal para hacer
una casa

camada
página 8
grupo de crías de animales
como perros o hámsters

nocturno
página 7
animal que está despierto en la noche
y duerme durante el día

bolsa
página 21
parte del cuerpo de un animal que puede hacerse
más grande para guardar comida o sus crías

cachorro
página 8
la cría del hámster

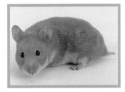
roedor
página 7
animal pequeño y peludo con dientes
filudos para masticar

viruta
páginas 13, 18
pequeños pedazos de papel
o madera

Nota a padres y maestros

Leer para buscar información es un aspecto importante del desarrollo de la lectoescritura. El aprendizaje empieza con una pregunta. Si usted alienta a los niños a hacerse preguntas sobre el mundo que los rodea, los ayudará a verse como investigadores. Cada capítulo de este libro empieza con una pregunta. Lean la pregunta juntos, miren las fotos y traten de contestar la pregunta. Después, lean y comprueben si sus predicciones son correctas. Piensen en otras preguntas sobre el tema y comenten dónde pueden buscar las respuestas. Ayude a los niños a usar el glosario en fotos y el índice para practicar nuevas destrezas de vocabulario y de investigación.

 AVISO: Recuerde a los niños que tengan cuidado al tocar a los animales. Las mascotas posiblemente arañen o muerdan si se encuentran asustadas. Después de tocar a cualquier animal, los niños deben lavar sus manos con agua y jabón.

Índice